Pequeño zoológico

Gail
Tuchman

SCHOLASTIC INC.

¡Lee más! ¡Haz más!

Después de leer este libro, descarga gratis el libro digital.

NIVEL 1

lector de ■SCHOLASTIC explora tu mundo

Pequeño zoológico
lectura y diversión

entra →

Para Mac y PC

ADMITE UNO
389002
389002

Podrás demostrar tus destrezas de lectura.

Cuenta los animales
Haz clic en los números correctos.

EXPLORA MÁS!
haz clic

VOLVER AL COMIENZO
página inicial

¿Cuántos terneros hay?	¿Cuántos animales se revuelcan en el fango?	¿Cuántos animales tienen patas palmeadas?	¿Cuántos animales ponen huevos?	¿Cuántos animales hay en total?
4 2 3	2 7 4	7 3 8	6 8 10	16 20 18

Comprueba lo que aprendiste.

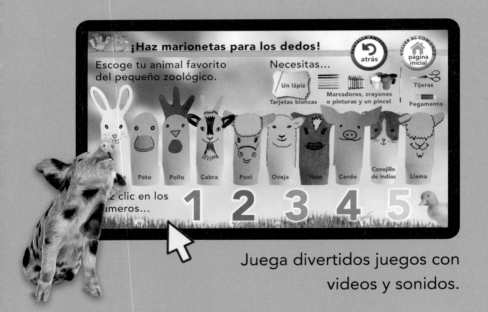

¡Haz marionetas para los dedos!

Escoge tu animal favorito del pequeño zoológico.

PANTALLA ANTERIOR
atrás

VOLVER AL COMIENZO
página inicial

Necesitas…

Un lápiz
Tarjetas blancas

Marcadores, crayones o pinturas y un pincel

Tijeras

Pegamento

Pato   Pollo   Cabra   Poni   Oveja   Vaca   Cerdo   Conejillo de Indias   Llama

Haz clic en los números…   **1 2 3 4 5**

Juega divertidos juegos con videos y sonidos.

Visita el sitio
www.scholastic.com/discovermore/readers
Escribe el código: **L1SPTMFN4T41**

3

¡BEE! ¡MUU! ¡QUIQUIRIQUÍ!
Los animales hablan.
Y te hablan a ti.

CABRAS

OVEJAS

CONEJOS

Ven a ver los
animales.

PONIS

VACAS

ALPACAS

PATOS

CERDOS

Ven y dales de comer.

POLLOS

CONEJILLOS DE INDIA

5

Las cabras juegan.
Sus crías trepan y saltan.
¡Algunas cabras saltan
sobre las cercas!

Las cabras son inteligentes.
Algunas abren puertas.

Macho
cabrío

Cabra
hembra

Cabrito

Las cabras olisquea
y muerden lo que
encuentran.

Paja

Comida para cabras

granos plantas hierba maíz

¡Quizás sea comida!
Pasan la mitad del
tiempo comiendo.

SUJETA LA CABRA CON CUIDADO.

9

Las ovejas van al barbero.
A su pelambre se le dice lana.
La lana se debe esquilar,
o cortar, cada primavera.

PALABRA NUEVA

esquilar
Las ovejas se
deben **esquilar**
una vez al año.

DILA EN VOZ ALTA

A la oveja
no le duele
que la
esquilen.

DALE LECHE A UNA OVEJITA.

De la lana
se hace
hilo.

Hilo

Lana

Con el hilo
se hace
ropa.

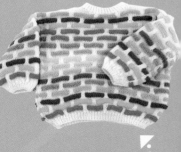

Suéter

11

Los conejos hacen
algo muy gracioso.

Cuando
saltan por
el aire,
doblan las

CEPILLA A UN CONEJO.

patas y
luego las
estiran
rápidamente.

13

Las alpacas
emiten un
zumbido.
Escucha con
atención.

Así se
comunican
entre ellas.

14

Las alpacas salvajes viven en las montañas. Son parientes de los camellos.

América del Norte

América del Sur

En América del Sur hay alpacas salvajes.

Manada de alpacas salvajes

Si se sienten en peligro, chillan.

TOCA LA PELAMBRE DE UNA ALPACA.

Los patos
tienen patas
palmeadas
que los ayudan
a nadar en
el agua.

CARGA A UN PATITO.

16

Al caminar, se balancean de un lado a otro debido a las patas palmeadas.

17

Los cerditos crecen muy rápido. Al nacer pesan unas dos libras. ¡A los seis meses pueden pesar 200 libras!

ACARICIA A UN CERDITO.

Los cerditos se alimentan de la leche de su madre.

El conejillo de Indias, llamado también chanchito de Indias, no es familia del cerdo.

ACARICIA A UN CONEJILLO DE INDIAS.

19

Los cerdos no sudan. Para aliviar el calor se revuelcan en el lodo.

FACTOR DE LODO 50

El lodo los protege del sol y de los insectos.

También se revuelcan los...

elefantes   rinocerontes   bisontes   hipopótamos

La gallina puede poner casi un huevo diario; y se sienta sobre ellos para calentarlos. De los huevos nacen polluelos.

Todas las aves nacen de huevos.

Codorniz Zorzal Pollo Pato

Pollo

Polluelo

Los polluelos crecen y se hacen pollos.

Huevo

Nacimiento

Pingüino

Ganso

Emú

Avestruz

23

Los pollos tienen crestas de diferentes formas.

Cresta

DALE MAÍZ A UN POLLO.

Tipos de cresta

Sencilla

Rosa

Y tienen lóbulos bajo el pico que los ayudan a mantenerse frescos.

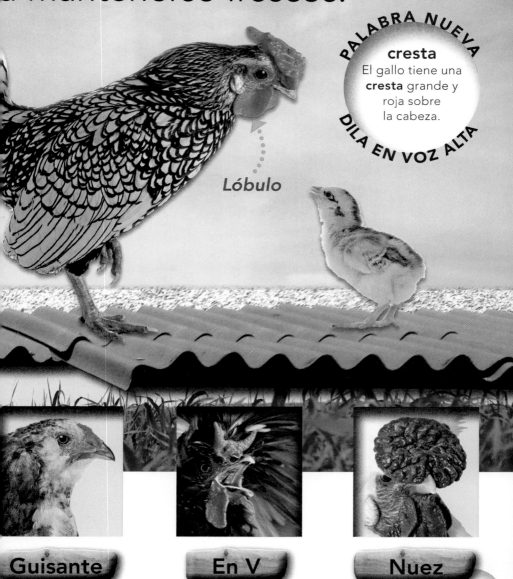

Lóbulo

Guisante

En V

Nuez

25

ACARICIA A UN TERNERO.

La cría de la vaca se llama ternero.

Ternero

Vaca

26

La Dra. Cathe y el Dr. Nick están curando a un ternero. Ellos son veterinarios.

LA DRA. CATHE Y EL DR. NICK

Nicky

"El ternero estaba muy débil. Lo tapamos con nuestros abrigos y lo pusimos bajo una lámpara para calentarlo. ¡Dio resultado! Al otro día se levantó".

Nicky

Antes de irte, ¿te gustaría dar un paseo en poni? Tu familia te podrá tomar fotos.

Silla

Los ponis y los caballos son diferentes. Los ponis son más pequeños.

¡Cómo me divertí en el pequeño zoológico!

Monté en poni.

Acaricié a un conejo.

Cargué un pollito.

Saludé a una cabra.

Alimenté a un cerdito.

salida

Glosario

cresta
Pedazo de piel de color llamativo que tienen los pollos sobre la cabeza.

esquilar
Cortar la pelambre o lana de una oveja o de otro animal.

lana
Pelambre suave y espesa de las ovejas.

lóbulo
Pedazos de piel que tienen bajo la cabeza el pollo, el pavo y otras aves.

manada
Grupo numeroso de animales.

nacimiento
Acción y efecto de nacer. Las aves nacen al romper el cascarón y salir del huevo.

palmeada
Pata en que los dedos están conectados por una membrana de piel.

revolcarse
Revolverse, echarse. Algunos animales se revuelcan en el lodo.

veterinario
Médico que trata animales enfermos o heridos.

Índice

Cuando acaricies a un animal, recuerda lavarte las manos después.

Descargo de responsabilidad: Este libro no se ha hecho para la instrucción. Al interactuar con animales, los niños necesitan la supervisión y la ayuda de un adulto. Si visitas un pequeño zoológico, respeta las reglas establecidas.

Originally published in English as *Scholastic Discover More™: PETTING ZOO*
Copyright © 2014 by Scholastic Inc.
Translation copyright © 2014 by Scholastic Inc.

ISBN 978-0-545-69512-1

12 11 10 9 8 7 6 5 4 3   15 16 17 18 19/0

Printed in the U.S.A.   40
First Spanish edition, September 2014

Scholastic hace esfuerzos constantes por reducir el impacto ecológico de nuestros procesos de manufactura. Para ver nuestras normas para la obtención de papel, visite www.scholastic.com/paperpolicy.

Deseamos expresar nuestro agradecimiento a los doctores Cathe Montesano y Nick Tallarico, por compartir generosamente con los lectores sus conocimientos y su pasión por la ciencia veterinaria. Gracias también al pequeño zoológico de las Granjas DuBois.

Créditos fotográficos

Fotografías e ilustraciones
1: iStockphoto/Thinkstock; 2 (chicks tl): cornelia_anghel/Fotolia; 2 (chick tr): nicolesy/iStockphoto; 2 (computer monitor): skodonnell/iStockphoto; 2 (tickets): laurent gendre/Fotolia; 2 (duckling): Lindamstyle/Dreamstime; 2 (chicken): Giuseppe Lancia/Dreamstime; 2 (fence, used throughout): Levkr/Dreamstime; 2 (alpacas): iStockphoto/Thinkstock; 3 (arrows): pagadesign/iStockphoto; 3 (piglet): GlobalP/iStockphoto; 4–5 (inset grass background, used throughout): Satel22/Dreamstime; 4 (goat t): ksena32/Fotolia; 4 (standing lamb): JMichl/iStockphoto; 4 (sitting lamb): Hemera/Thinkstock; 4 (sheep): iStockphoto/Thinkstock; 4 (bunny): Konstantin Yolshin/Shutterstock; 4 (goat b): ksena32/Fotolia; 4 (pony): Elena Titarenco/Dreamstime; 4 (cows): PerfectLazybones/Fotolia; 4 (guinea pig): Vasily77/Dreamstime; 4 (signpost, used throughout): Photka/Dreamstime; 4 (icons l to r): Guilu/Dreamstime, Sergey Yakovlev/Dreamstime, Tribalium/Dreamstime, Roughcollie/Dreamstime; 5 (map): Yin21205/Dreamstime; 5 (handwashing icon): Tribalium/Dreamstime; 5 (alpaca t): James Brey/iStockphoto; 5 (ducklings): Isselee/Dreamstime, Cristian Baitg/iStockphoto; jarenwicklund/iStockphoto; 5 (white duck): Vasyl Helevachuk/Dreamstime; 5 (pig): GlobalP/iStockphoto; 5 (chicken): Giuseppe Lancia/Dreamstime; 5 (chicks): Sunnybeach/iStockphoto; 5 (guinea pigs): Gerritgr/Fotolia; 5 (alpaca br): Marie-T/iStockphoto; 5 (duckling bl): Chepko/iStockphoto; 6–7 (sky, grass, used throughout): Tatyana Vychegzhanina/Dreamstime; 6 (goat cl): Isselee/Dreamstime; 7 (goat tl): GlobalP/iStockphoto; 7 (billy): Iakov Filimonov/Dreamstime; 7 (nanny): Andygaylor/Dreamstime; 7 (kid b): Snickerdoodle Photography/iStockphoto; 7 (gate b): Amandamhanna/Dreamstime; 7 (latch): Soundsnaps/Dreamstime; 6–7 (all others): Penny Lamprell/Scholastic Inc.; 8 (goat, hay): Martijn Mulder/Dreamstime; 8 (wood background): Pedro2009/Dreamstime; 8bl: Christian Jung/Dreamstime; 8bcl: Kulikova/Dreamstime; 8bcr: Ahmet Gündoan/Dreamstime; 8br: Peter Zijlstra/Dreamstime; 9 (goat l): Tanawaty/Dreamstime; 9 (goat r, background): ACMPhoto/iStockphoto; 9 (hay b): Kelpfish/Dreamstime; 9 (hand icon, used throughout): Samuvel/Dreamstime; 9 (inset): Poco_bw/Dreamstime; 9 (sheep icon): Guilu/Dreamstime; 9 (grass below signpost, used throughout): Skalapendra/Dreamstime; 9 (lamb): GlobalP/iStockphoto; 10: GoodOlga/iStockphoto; 11tc: Grigorios Moraitis/iStockphoto; 11 (inset): Robert Wisdom/Dreamstime; 11 (fleece): esemelwe/iStockphoto; 11cl: shirhan/iStockphoto; 11 (sweater): BVDC/Dreamstime; 11 (bunny icon): Roughcollie/Dreamstime; 11 (bunny): Isselee/Dreamstime; 12 (white bunny t): Duncan Noakes/Dreamstime; 12 (mother, baby l): Isselee/Dreamstime; 12–13 (red wood b): Tombaky/Dreamstime; 12–13 (straw b): Kelpfish/Dreamstime; 12 (large brown bunny): GlobalP/iStockphoto; 12 (inset): Penny Lamprell/Scholastic Inc.; 12–13 (leaping bunny): George Caswell/Getty Images; 13 (alpaca icon): Lantapix/Dreamstime; 13 (brown bunny r): Rubberball/Mike Kemp/Getty Images; 14: Alison Williams/Dreamstime; 15 (sky): Elena Elisseeva/Dreamstime; 15tl: Zoom-zoom/Dreamstime; 15 (map): Adamgibson/Dreamstime; 15 (landscape): jeantrekkeur/Fotolia; 15 (alpaca herd): Christian Larue/Fotolia; 15 (inset): Levranii/Dreamstime; 15 (duck icon): Sergey Yakovlev/Dreamstime; 15 (ducklings): Stefan Andronache/Dreamstime; 16 (ducklings, duck t): Thierry Viallard/Dreamstime, GlobalP/iStockphoto, Danil Chepko/Dreamstime; 16 (inset): Penny Lamprell/Scholastic Inc.; 16 (main duckling): Photowitch/Dreamstime; 16–17 (greens beds): Tommason/Dreamstime; 16–17 (water): Melissa King/Dreamstime; 17 (ducklings t to b): vusta/iStockphoto, Studio-Annika/iStockphoto, GlobalP/iStockphoto, JodiJacobson/iStockphoto, Anatolii/Fotolia; 17 (white ducks): Penny Lamprell/Scholastic Inc.; 17 (pond tr): Leelloo/Dreamstime; 17 (duckling tr): Olga Yastremska/Dreamstime; 17 (pig icon): Batagada/Dreamstime; 17 (pig): Miiicha/iStockphoto; 18–19 (straw background, sty): Edward Westmacott/iStockphoto; 18 (pigs): janecat/iStockphoto; 19 (inset t): Image_Source_/iStockphoto; 19 (pig family): Susan Sheldon/Dreamstime; 19 (straw c): Nito100/Dreamstime; 19 (red wood): Tombaky/Dreamstime; 19 (green wood): nataliazakharova/Fotolia; 19 (guinea pig l): Alptraum/Dreamstime; 19 (guinea pigs c): Simone Van Der Berg/Dreamstime; 19 (guinea pig r): GlobalP/iStockphoto; 19 (inset b): Penny Lamprell/Scholastic Inc.; 20–21 (main image): Eduard Kyslynskyy/Dreamstime; 20 (mud splatters): Roberto Pirola/Dreamstime; 20 (sunscreen): ARSELA/iStockphoto; 21tl: Michael Sheehan/Dreamstime; 21cl: Stu Porter/Dreamstime; 21tcr: jlandrow/iStockphoto; 21tr: gennaro coretti/Fotolia; 21 (chicken): Sval77/Dreamstime; 21 (chicken icon): Tribalium/Dreamstime; 22 (background): nataliazakharova/Fotolia; 22 (hen, nest): thieury/Shutterstock; 22 (quail egg): Lepas/Dreamstime; 22 (quail): Boobathy/Dreamstime; 22 (robin egg): Linda Yolanda/iStockphoto; 22 (robin): Ppreregrin/Dreamstime; 22 (chicken egg): Chris Leachman/Dreamstime; 22 (chicken): Anatolii/Fotolia; 22 (duck egg): Kooslin/Dreamstime; 22 (duck): Linda Steward/iStockphoto; 23 (chicken): Giuseppe Lancia/Dreamstime; 23 (chick): Photowitch/Dreamstime; 23 (egg tr): Chris Leachman/Dreamstime; 23 (hatching chick, egg): Photowitch/Dreamstime; 23 (penguin egg, penguin): Isselee/Dreamstime; 23 (goose egg): Vasyl Helevachuk/Dreamstime; 23 (goose): Sean Nel/Dreamstime; 23 (emu egg): dovate/Dreamstime; 23 (emu): GlobalP/iStockphoto; 23 (ostrich egg): ayala_studio/iStockphoto; 23 (ostrich): vblinov/iStockphoto; 24 (inset): SKLA/iStockphoto; 24 (chicken tr): panbazil/Shutterstock; 24–25 (roof): Penny Lamprell/Scholastic Inc.; 24–25 (green wood): nataliazakharova/Fotolia; 24 (gray wood): enviromantic/iStockphoto; 24–25 (brown wood): Dreamstimepoint/Dreamstime; 24bc: panbazil/Shutterstock; 24br: Isselee/Dreamstime; 25 (cow icon): Darrenw/Dreamstime; 25 (calf): JMichl/iStockphoto; 25 (chicken tl, chick): panbazil/Shutterstock; 25bl: Isselee/Dreamstime; 25bc: Ammit Jack/Shutterstock; 25br: Margojh/Dreamstime; 26–27 (background): Pedro2009/Dreamstime; 26 (inset): emholk/iStockphoto; 26–27 (main): Dr. Ajay Kumar Singh/Dreamstime; 27 (inset): Drs. Cathe and Nick Tallarico; 27 (shed): patty_c/iStockphoto; 27 (Little Nicky): Drs. Cathe and Nick Tallarico; 27 (pony icon): Roughcollie/Dreamstime; 28–29 (bushes, white fence): Johannesk/Dreamstime; 28–29 (main image): Elena Titarenco/Dreamstime; 28 (gate b): jorgesa/Dreamstime; 28 (gray wood): enviromantic/iStockphoto; 29 (ride a pony): Elena Titarenco/Dreamstime; 29 (bunny): Pavla Zakova/Dreamstime; 29 (chick): hartcreations/iStockphoto; 29 (goat): xiao-ming/iStockphoto; 29 (piglet): SchulteProductions/iStockphoto; 30–31 (main image): Tanawaty/Dreamstime; 31 (handwashing icon): Tribalium/Dreamstime; 31 (duckling): Art_man/iStockphoto; 32 (bunnies): camellias/Fotolia; 32 (meadow): Monika3stepsahead/Dreamstime; 32 (duckling): jarenwicklund/iStockphoto; 32 (pig): GlobalP/iStockphoto; all others: Scholastic Inc.

Cubierta
Front cover: (sheep icon) Oorka/Dreamstime; (rooster icon) Talisalex/Dreamstime; (goat icon) Oorka/Dreamstime; (bunny icon) Ashestos/Dreamstime; (donkey icon) Oorka/Dreamstime; (duck icon) Lantapix/Dreamstime; (trees) Nikada/iStockphoto; (bl) Belkin & Co/Fotolia; (br) Farinoza/Fotolia; (grass) narvikk/iStockphoto. Back cover: (tr) GlobalP/iStockphoto; (computer monitor) Manaemedia/Dreamstime. Inside front cover: (ducks) Thomas Seybold/iStockphoto; (br) Yakovliev/iStockphoto.

32